essentials

Springer Essentials sind innovative Bücher, die das Wissen von Springer DE in kompaktester Form anhand kleiner, komprimierter Wissensbausteine zur Darstellung bringen. Damit sind sie besonders für die Nutzung auf modernen Tablet-PCs und eBook-Readern geeignet. In der Reihe erscheinen sowohl Originalarbeiten wie auch aktualisierte und hinsichtlich der Textmenge genauestens konzentrierte Bearbeitungen von Texten, die in maßgeblichen, allerdings auch wesentlich umfangreicheren Werken des Springer Verlags an anderer Stelle erscheinen. Die Leser bekommen „self-contained knowledge" in destillierter Form: Die Essenz dessen, worauf es als „State-of-the-Art" in der Praxis und/oder aktueller Fachdiskussion ankommt.

Thorsten Kuthe · Madeleine Zipperle

Die Emission von Anleihen und anderen Debt Produkten

Rechtliche Rahmenbedingungen für die Investorenkommunikation

Thorsten Kuthe
Madeleine Zipperle

Wirtschaftskanzlei Heuking Kühn
Lüer Wojtek
Köln, Deutschland

ISSN 2197-6708   ISSN 2197-6716 (electronic)
ISBN 978-3-658-04589-0   ISBN 978-3-658-04590-6 (eBook)
DOI 10.1007/978-3-658-04590-6

Die Deutsche Nationalbibliothek verzeichnet diese Publikation in der Deutschen National-
bibliografie; detaillierte bibliografische Daten sind im Internet über http://dnb.d-nb.de ab-
rufbar.

Springer Gabler
© Springer Fachmedien Wiesbaden 2014

Springer Gabler ist eine Marke von Springer DE. Springer DE ist Teil der Fachverlagsgruppe
Springer Science+Business Media
www.springer-gabler.de

Vorwort

Dieser Beitrag ist hervorgegangen aus dem Kapitel „Rechtliche Rahmenbedingungen für die Investorenkommunikation bei der Emission von Anleihen und anderen Debt Produkten" (Teil III Kap. 8) aus dem Praxishandbuch Debt Relations, herausgegeben 2013 von Peter Thilo Hasler, Markus A. Launer und Martin K. Wilhelm. Das Handbuch bietet einen umfassenden und in dieser Form am Markt wohl einmaligen Überblick über das Thema Debt Relations. Die rechtlichen Rahmenbedingungen für die Kommunikation mit Investoren sollen hier noch einmal herausgegriffen und praxisbezogen dargestellt werden. Herrn Peter Thilo Hasler sei für die Anregung zu dieser Veröffentlichung gedankt.

Köln, im Oktober 2013   Thorsten Kuthe, Madeleine Zipperle

Inhaltsverzeichnis

Einleitung

1

Debt Relations ist als Instrument der betrieblichen Kommunikationspolitik zu verstehen, welche speziell die Beziehung und Kommunikation zwischen dem Unternehmen und Fremdkapitalgebern betrifft. Sie fügt sich unter den Oberbegriff der Investor Relations und steht zwischen Begrifflichkeiten wie Creditor Relations, Bondholder Relations oder Shareholder Relations, wobei die Abgrenzung im Einzelnen nicht ganz eindeutig ist[1]. Innerhalb der Debt Relations kann sodann wieder unterschieden werden zwischen der Kommunikation mit einzelnen oder Gruppen von Kreditgebern einerseits und der Kommunikation mit Anleihegläubigern andererseits, sowie der Kommunikation „nach außen" mit Informationsmittlern (z. B. Ratingagenturen, Analysten, Vertreter der Medien)[2].

Der Markt für Debt Produkte, also Mittel zur Fremdfinanzierung, ist komplex und hat in den letzten Jahren zahlreiche unterschiedliche Instrumente hervorgebracht[3]. Stetig an Bedeutung gewonnen hat dabei die Mittelstandsanleihe als Alternative zur klassischen Kreditfinanzierung durch Banken. Seit 2010 haben nach und nach die Börsen in Stuttgart (Bondm), Düsseldorf (der mittelstandsmarkt), Frankfurt (Entry Standard), Hamburg/Hannover (Mittelstandsbörse Deutschland) und München (m:access) spezielle Segmente für den Handel mit Anleihen mittelständischer Unternehmen eröffnet. In den vergangenen drei Jahren wurden in Deutschland über 100 Mittelstandsanleihen emittiert.

---

[1] Hasler/Launer/Wilhelm, Praxishandbuch Debt Relations, 2.2, 3.1.

[2] Hasler/Launer/Wilhelm, Praxishandbuch Debt Relations, 2.2.

[3] siehe Übersicht in Hasler/Launer/Wilhelm, Praxishandbuch Debt Relations, 1.6, Abb. 1.2.

T. Kuthe, M. Zipperle, *Die Emission von Anleihen und anderen Debt Produkten*, essentials, DOI 10.1007/978-3-658-04590-6_1, © Springer Fachmedien Wiesbaden 2014

Auch im Rahmen der Fremdfinanzierung besteht das Ziel der Unternehmenskommunikation in der Verringerung von Informationsasymmetrien und Transaktionskosten durch die Herstellung von Transparenz und Vertrauen bei Fremdkapitalgebern[4].

Maßgeblich sind hierbei auch die rechtlichen Rahmenbedingungen zu beachten.

---

[4] Hasler/Launer/Wilhelm, Praxishandbuch Debt Relations, 3.4, Abb. 3.6.

Der Prospekt: Wann braucht man ihn? Was folgt daraus?

2

Die erste Weichenstellung bei der Emission eines Debt Produkts geschieht bei der Beantwortung der Frage, ob das Vorhaben einen durch die BaFin (oder eine andere europäische Aufsichtsbehörde) gebilligten Wertpapierprospekt erfordert oder nicht. Dabei ist es einzelfallabhängig und kommt vor allem auf die konkrete Form der Emission sowie das zu emittierende Finanzprodukt an, ob eine Emission prospektpflichtig ist, ob sich die Erstellung eines Prospekts auf freiwilliger Basis anbietet, oder aber ob Ausnahmetatbestände eingreifen, die einen Prospekt entbehrlich machen. Die Antwort auf die Frage, welcher Weg in concreto zu beschreiten ist, hat erheblichen Einfluss auf die gegenüber potenziellen Investoren zu verfolgende Kommunikationsstrategie. Aus diesem Grund, und auch weil die Prospekterstellung (sowie insbesondere die Billigung) ein gewisses – wenn auch überschaubares – Maß an Zeit- und Kostenaufwand auslöst, muss sich ein Anbieter Klarheit darüber verschaffen, ob für die von ihm beabsichtigte Emission ein Prospekt notwendig ist.

Der rechtliche Rahmen für Prospektpflicht und -inhalt wird maßgeblich durch die EU-Verordnung (EG) Nr. 809/2004 (Prospektverordnung) sowie in Deutschland insbesondere durch das Wertpapierprospektgesetz (WpPG) vorgegeben. So besteht nach § 3 Abs. 1 WpPG grundsätzlich eine Prospektpflicht für Wertpapiere, die im Inland öffentlich angeboten werden, wenn nicht eine der Ausnahmen des § 3 Abs. 2 Satz 1 WpPG eingreift. Unabhängig vom Vorliegen eines öffentlichen Angebots gilt nach § 3 Abs. 4 WpPG der Grundsatz der Prospektpflicht für all diejenigen Wertpapiere, die zum Handel an einem organisierten Markt zugelassen werden sollen. Diese beiden Alternativen wollen wir im Folgenden etwas näher erläutern.

T. Kuthe, M. Zipperle, *Die Emission von Anleihen und anderen Debt Produkten*, essentials, DOI 10.1007/978-3-658-04590-6_2, © Springer Fachmedien Wiesbaden 2014

2.1 Gesetzliche Prospektpflicht

Nach § 3 Abs. 1 WpPG ist ein Prospekt zunächst grundsätzlich dann erforderlich, wenn Wertpapiere „öffentlich angeboten" werden.

Die Definition eines solchen öffentlichen Angebots findet sich in § 2 Nr. 4 WpPG. Danach handelt es sich (bereits dann) um ein öffentliches Angebot, wenn ausreichende Informationen über die Angebotsbedingungen und die anzubietenden Wertpapiere an das Publikum dergestalt mitgeteilt werden, dass ein Anleger in die Lage versetzt wird, über den Kauf oder die Zeichnung dieser Wertpapiere zu entscheiden. Die Anzahl der angesprochenen Anleger ist dabei nicht entscheidend. So entsteht zum Beispiel selbst dann, wenn sehr viele Personen im Rahmen einer Privatplatzierung angesprochen werden, nicht unbedingt ein öffentliches Angebot. Es kommt vielmehr darauf an, ob sich das Angebot der Wertpapiere an einen unbestimmten bzw. unbegrenzten Personenkreis richtet. Hierin wird direkt der erste ganz zentrale Punkt deutlich, bei dem es auf Debt Relations ankommt, denn ob ein Angebot von Wertpapieren öffentlich ist, bestimmt sich nach der Kommunikation mit den Anlegern.

Für das Vorliegen eines öffentlichen Angebots kommt es entscheidend darauf an, ob die wesentlichen Vertragsbestandteile, also der Kaufgegenstand, der Preis oder Preisrahmen, der Lieferzeitpunkt und die Valuta der Öffentlichkeit mitgeteilt werden. Dabei besteht für Emittenten das Risiko, in die sogenannte „Werbefalle" zu tappen. Denn Ankündigungen, Werbungen und Unternehmenspräsentationen können schon ein öffentliches Angebot im Sinne des WpPG darstellen und damit die Prospektpflicht auslösen, wenn darin die vorgenannten Informationen ganz oder teilweise enthalten sind. Spätestens liegt ein Angebot vor, wenn der Emittent einem unbestimmten / unbegrenzten Personenkreis eine Zeichnungsmöglichkeit eröffnet und insbesondere der Ausgabepreis und bei einer Anleihe die Verzinsung angegeben wurde.

Außer im Fall des öffentlichen Angebots ist die Erstellung eines Wertpapierprospekts auch immer dann notwendig, wenn Wertpapiere zum Handel an einem „organisierten Markt" zugelassen werden sollen. Die Definition des organisierten Marktes findet sich in § 2 Nr. 16 WpPG. Dabei handelt es sich um ein durch staatliche Stellen genehmigtes, geregeltes und überwachtes Handelssystem, also etwa der Prime und General Standard der Frankfurter Wertpapierbörse. Dies bedeutet in der Praxis, dass in manchen Fällen, etwa bei der Begebung von Benchmarkanleihen, die typischerweise eine Notierung im regulierten Markt anstreben, grundsätzlich ein Wertpapierprospekt benötigt wird, und zwar unabhängig davon, ob das Wertpapier öffentlich angeboten wird oder nicht.

2.2 Insbesondere: Prospektpflicht bei Wandelschuldverschreibungen

Bei der Frage der Prospektpflicht für Wandelschuldverschreibungen ist zwischen der Emission von Wandelschuldverschreibungen mit und ohne Bezugsrecht zu unterscheiden:

Das Angebot von Wandelschuldverschreibungen ohne Bezugsrecht für die Aktionäre (typischerweise mit Wandlungsrecht in Aktien, die weniger als 10 % des bisherigen Grundkapitals repräsentieren) richtet sich grundsätzlich nach denselben Regeln, die auch für die Emission von Schuldverschreibungen gelten. Ein Prospekt wäre also erforderlich, wenn diese Wertpapiere öffentlich angeboten würden. In der Praxis kommt ein öffentliches Angebot für Emissionen von Wandelschuldverschreibungen, die sich auf weniger als 10 % der Aktien beziehen, allerdings in aller Regel nicht vor, denn es ist gerade ein Vorteil der sogenannten 10 %-Emission, dass diese prospektfrei durchgeführt werden kann. Prospektpflichtig wäre jedoch die Zulassung der Wandelschuldverschreibung zum Handel im regulierten Markt, wenn keine der gesetzlichen Ausnahmen eingreift.

Bei Wandelschuldverschreibungen gilt es, neben dem Vorstehenden, zusätzlich zu beachten, dass die der Wandelschuldverschreibung zugrunde liegenden Aktien einer Zulassung zum Handel im regulierten Markt zwingend dann bedürfen, wenn bisherige Aktien (der jeweiligen Gattung) der Emittentin dort bereits notiert sind. Die entsprechenden neuen Aktien werden jedoch in der Regel aus einem bedingten Kapital geschaffen, so dass für die Aktien, die aus der Wandlung entstehen, eine prospektfreie Zulassung möglich ist. § 4 Abs. 2 Nr. 7 WpPG sieht nämlich die prospektfreie Zulassung von Aktien aus bedingtem Kapital vor.

Bei dem Angebot von Wandelschuldverschreibungen mit gesetzlichem Bezugsrecht für die Aktionäre, so der Grundfall nach Vorstellung des Gesetzgebers, stellt sich die Frage, ob die Gewährung des Bezugsrechts an Altaktionäre als öffentliches Angebot qualifiziert werden muss. Dies wurde in der Vergangenheit in Deutschland (auch seitens der BaFin) verneint[1]. Es wurde argumentiert, dass der Kreis derjenigen, denen die Wandelschuldverschreibungen angeboten werden, bestimmbar (alle bisherigen Aktionäre) und damit das Angebot nicht öffentlich sei. Darüber hinaus seien die Aktionäre nach einer am Normzweck orientierten Betrachtungsweise nicht schutzbedürftig, da sie schon in die Aktien der Emittentin investiert hätten und daher ein weniger hohes Informationsbedürfnis gegeben sei, als bei völlig fremden Dritten.

---

[1] Siehe etwa Schnorbus in Frankfurter Kommentar zum WpPG und zur EU-ProspektVO, § 2 Rn. 67.

Die vorbeschriebene Verwaltungspraxis der BaFin wurde von der überwiegenden Mehrzahl der anderen europäischen Aufsichtsbehörden nicht geteilt und wird inzwischen auch in Deutschland nicht mehr vertreten. Im Zuge der Reform der EU-Prospektrichtlinie, die mit Wirkung zum 1. Juli 2012 in deutsches Recht umgesetzt wurde, wurden in die EU-Prospektverordnung ausdrücklich eine Reihe von Sonderregelungen für Prospekte für Bezugsrechtsemissionen aufgenommen. Dies hatte die geänderte Prospektrichtlinie vorgesehen, was zweifelsfrei nahelegt, dass grundsätzlich von einer Prospektpflicht auch in diesen Fällen auszugehen ist. Die BaFin hat daraufhin ihre vorherige Rechtsauffassung als nicht mehr mit europäischem Recht vereinbar aufgegeben[2]. Demgemäß stellen Bezugsrechtsangebote für (Aktien oder) Wandelschuldverschreibungen nunmehr ein öffentliches Angebot dar und unterliegen damit grundsätzlich einer Prospektpflicht, soweit nicht eine der gesetzlichen Ausnahmen eingreift.

2.3   Debt Relations während der Emission prospektpflichtiger Angebote

Neben der Veröffentlichung eines Prospekts müssen die Beteiligten bei der Emission von Debt Produkten weitere zahlreiche Verhaltenspflichten in der Kommunikation beachten. Für die wichtige Frage, welche Informationen an die potenziellen Investoren weitergegeben werden können, kommt es maßgeblich darauf an, in welcher Phase die Emission sich befindet. Bis zum Zeitpunkt der Billigung des Prospekts durch die BaFin oder andere europäische Aufsichtsbehörden ist sehr genau darauf zu achten, dass zuvor noch kein öffentliches Angebot erfolgt. Dies führt insbesondere in der Pre-Marketingphase zu Konflikten. Weitergehende Pflichten können ab dem Moment entstehen, in dem der Zulassungsantrag zur Aufnahme des Börsenhandels gestellt wird oder ab dem Moment, in dem der Handel mit den Debt Produkten beginnt.

2.3.1   Pre-Marketing

In der Pre-Marketing-Phase wird der Spagat, den die Emittenten im Hinblick auf die Kommunikation meistern müssen, besonders deutlich: Für das Gelingen der Emission ist es wichtig, möglichst frühzeitig – schon vor der Roadshow – eine realistische Vorstellung von dem erzielbaren Preis des Debt Produkts zu erhalten. Da-

---

[2] Dr. Henningsen „Änderungen im Wertpapierprospektrecht", BaFin-Journal 09/12, S. 7.

bei können die Emittenten sich nicht auf die eigenen Erwartungen verlassen, dies wäre geradezu fahrlässig. Vielmehr ist es zwingend notwendig, das Produkt frühzeitig bei institutionellen Anlegern vorzustellen, um zu erfahren, zu welchem Preis diese das Debt Produkt erwerben würden. Da jedoch zu diesem frühen Zeitpunkt typischerweise noch kein gebilligter Prospekt vorliegt, muss unbedingt vermieden werden, dass der Tatbestand des öffentlichen Angebots erfüllt wird. Es ist daher unzulässig, in konkreter Form, etwa über Internetseiten oder Zeitungsannoncen, über das Debt Produkt und die Zeichnungsmöglichkeiten zu informieren. Allenfalls sind Hinweise auf eine Emission möglich, solange nicht die genaue Struktur des Produkts, der anvisierte Emissionstermin, die bisher gebildeten Preiserwartungen und der geplante Zinscoupon mitgeteilt werden.

Aus dem gleichen Grund sollten während des Pre-Marketings ausschließlich institutionelle Investoren angesprochen werden, die im besten Fall dem Emittenten oder der die Emission begleitenden Bank bereits bekannt sind. Falls in dieser frühen Phase bereits mit Präsentationen, Informationsbroschüren oder anderen Werbematerialien gearbeitet wird, so ist auf den deutlichen Hinweis zu achten, dass es sich um vorläufige Darstellungen handelt, die noch kein konkretes Angebot darstellen. Zudem muss darauf geachtet werden, dass die eingesetzten Werbe- und Informationsmittel den Kreis der angesprochenen Investoren nicht verlassen.

Dabei sollte sich jeder Emittent der Konsequenzen bewusst sein, die entstehen, sobald (wenn auch nur versehentlich) ein öffentliches Angebot gegeben ist: Grundsätzlich ist ab diesem Zeitpunkt ein gebilligter Prospekt erforderlich. Liegt dieser noch nicht vor, erfüllt dies den Tatbestand einer Ordnungswidrigkeit (§ 35 Abs. 1 Nr. 1 WpPG). Zudem setzt sich der Anbieter damit dem Risiko einer zivilrechtlichen Haftung[3] gegenüber Investoren aus, welche den Betrag eines etwaigen Bußgeldes leicht um ein Vielfaches übertreffen kann.

Im Idealfall sollte der Prospekt spätestens zur Zeit des Abschlusses der Pre-Marketing-Phase gebilligt sein, damit im Rahmen der Roadshow bedenkenlos ein öffentliches Angebot gemacht werden kann.

2.3.2   Nachträge zum Prospekt

Sollte sich nach Billigung und Veröffentlichung des Prospekts (noch während der Angebotsphase) ein neuer wichtiger Umstand bezüglich des Emittenten ergeben

---

[3] Siehe zur Prospekthaftung Kuthe, Der Gang an die Börse, in: Wojtek/Mitzkus (Hrsg.), Die AG – Rechte, Pflichten und Haftung von Vorstand und Aufsichtsrat in der Praxis, Stand 7/11, Abschn. 8.1.6.

oder eine Angabe im Prospekt sich als unrichtig erweisen, so muss ein Nachtrag zum Prospekt erstellt und von der BaFin (oder der sonstigen zuständigen Aufsichtsbehörde) gebilligt werden. Diese Nachtragspflicht gilt natürlich nicht für kleine Fehler, die für die Anlageentscheidung nicht relevant werden können. Vielmehr kommt es nur auf solche Angaben an, die geeignet sind, die Beurteilung der Wertpapiere zu beeinflussen.

In zeitlicher Hinsicht beginnt die Nachtragspflicht ab der Billigung des Prospekts und endet mit dem endgültigen Schluss des öffentlichen Angebots der Wertpapiere oder der Einführung in den Handel. Durch die seit Mitte 2012 geänderte Formulierung des § 16 WpPG wurde nun auch das Verhältnis zwischen den Alternativen des Endes der Nachtragsfrist klargestellt. Demnach beendet die Einführung oder Einbeziehung in den Handel den nachtragspflichtigen Zeitraum nicht, solange das öffentliche Angebot noch läuft. Diese Klarstellung ist praxisrelevant, da teilweise, je nach Ausgestaltung des Debt Produkts, Angebotszeiträume von bis zu einem Jahr gewählt werden. Während dieses Jahres müssen demnach Nachträge gebilligt und veröffentlicht werden, auch wenn zwischenzeitlich eine Einbeziehung in den Handel stattgefunden hat.

Gemäß § 16 Abs. 3 WpPG haben Anleger nach Veröffentlichung eines Nachtrags die Möglichkeit, ihre eigentlich verbindliche Kauferklärung zu widerrufen. Bisher konnte das Widerrufsrecht nur so lange ausgeübt werden, bis die Finanzprodukte in das Depot des Erwerbers eingebucht wurden, danach war der Widerruf ausgeschlossen. Nach der aktuellen Rechtslage besteht das Widerrufsrecht hingegen immer dann, wenn der neue Umstand bzw. die Unrichtigkeit vor Schluss des öffentlichen Angebots und vor der Lieferung der Wertpapiere eingetreten ist. Damit kann die auf Erwerb bzw. Zeichnung gerichtete Erklärung nun auch widerrufen werden, wenn die Wertpapiere bereits vor der Veröffentlichung des Nachtrags in das Depot des Anlegers eingebucht worden waren, solange nur der nachtragspflichtige Umstand vor Erfüllung eingetreten ist.

2.3.3   Werbung nach Veröffentlichung des Prospekts

Gewisse Verhaltenspflichten im Hinblick auf Werbung und Kommunikation generell muss der Emittent auch noch nach der Billigung des Prospekts beachten. So darf er nicht völlig frei mit Marketingäußerungen umgehen, sondern muss vielmehr darauf achten, dass jede Veröffentlichung im Zusammenhang mit dem prospektpflichtigen öffentlichen Angebot oder der Zulassung von Wertpapieren zum

Handel an einem organisierten Markt, unabhängig davon, ob sie Werbezwecken dient, den Vorgaben von § 15 WpPG genügt. So gibt § 15 Abs. 4 WpPG vor, dass die im Prospekt enthaltenen Angaben und alle über das öffentliche Angebot oder über die Zulassung zum Handel an einem organisierten Markt verbreiteten Informationen – und daher insbesondere die Marketingunterlagen – konsistent sein müssen. Die Norm betrifft einerseits das Verhältnis von sämtlichen Informationen und Angaben außerhalb des Prospekts zu den im Prospekt enthaltenen Aussagen sowie andererseits den Umgang mit Informationen, wenn eine Prospektpflicht nicht besteht. § 15 WpPG bezieht sich auf jede Art von Werbung. Zwar differiert der Wortlaut zwischen Werbung (bzw. jeder Art von Werbung im Sinne seines Abs. 1) und Werbeanzeigen, da aber in der englischen Fassung der Prospektrichtlinie keine Unterscheidung zwischen diesen Begriffen enthalten ist, sind wegen des Gebots der richtlinienkonformen Auslegung die beiden verschiedenen verwendeten Begriffe austauschbar. In zeitlicher Hinsicht greift § 15 WpPG erst ab dem Zeitpunkt, zu dem die Möglichkeit des Erwerbs der angebotenen oder zuzulassenden Debt Produkte besteht oder angekündigt wird. Seine Anwendbarkeit endet mit der Beendigung des öffentlichen Angebots oder der Zulassung der Debt Produkte zum Börsenhandel.

Jeder Veranlasser einer Werbeanzeige (bzw. Werbung) hat in der Anzeige stets darauf hinzuweisen, dass ein Prospekt veröffentlicht wurde oder zur Veröffentlichung ansteht und wo die Anleger diesen erhalten können.

Darüber hinaus gilt das Gebot, dass Werbeanzeigen als solche klar erkennbar sein müssen und die darin enthaltenen Angaben nicht unrichtig oder irreführend sein dürfen. Dies bedeutet jedoch nicht zwingend, dass jede Werbeanzeige explizit das Wort „Werbeanzeige" oder „Werbung" enthalten muss. Art. 2 Nr. 9 der EU-Prospektverordnung enthält eine weite Definition des Begriffs der Werbung. Danach sind unter Werbung alle Bekanntmachungen zu verstehen, die sich auf eine konkrete Emission beziehen und die auf die Förderung des Verkaufs bestimmter Wertpapiere abzielen. Erfasst sind damit sämtliche Bereiche, von Zeitungsanzeigen über TV- oder Radio-Werbespots bis hin zu Roadshow-Materialien und Analystenpräsentationen.

§ 15 WpPG ist vor allem im Rahmen der Roadshow relevant, denn hier kommt es besonders darauf an, die Vorzüge und Chancen des Wertpapiers zu betonen. In diesem Zusammenhang muss, mit Blick auf § 15 WpPG, wiederum darauf geachtet werden, dass die während der Roadshow mitgeteilten wesentlichen Informationen auch zwingend im Prospekt enthalten sind, selbst wenn es ansonsten keine gesetzliche Verpflichtung zur Aufnahme der jeweiligen Information gibt. Dies betrifft insbesondere Prognosen, Schätzungen und sonstige Informationen über den gegenwärtigen oder zukünftigen Geschäftsverlauf der Gesellschaft. Der Prospekt und die Roadshow-Unterlagen stehen folglich in einem Wechselwirkungsverhältnis zueinander. Hier wird deutlich, dass eine enge Abstimmung zwischen dem Ersteller des Prospekts und den vom Emittenten eingeschalteten Marketingverantwortlichen notwendig ist, welche schon möglichst früh beginnen sollte, damit später die Roadshow reibungslos verlaufen kann.[4]

---

[4] Zipperle/Schmidt, „Widerstreit der Disziplinen – Herausforderungen in der Anleihekommunikation" in: Going Public Magazin, Heft 4/2013, April 2013.

3.1 Gesetzliche Ausnahmen von der Prospektpflicht (§ 3 Abs. 2 S. 1 WpPG)

§ 3 Abs. 2 Satz 1 WpPG nennt sechs Ausnahmetatbestände, bei denen trotz Vorliegens eines öffentlichen Angebots oder der Zulassung zum Handel im organisierten Markt ein Prospekt entbehrlich ist.

Die Ausnahme des § 3 Abs. 2 Satz 1 Nr. 1 WpPG gilt für alle Debt Produkte und besagt: Wer sich dafür entscheidet, bei der Emission auf Privatanleger zu verzichten und nur institutionelle Investoren anzusprechen, benötigt keinen Wertpapierprospekt (es sei denn, die Wertpapiere sollen zum Handel im regulierten Markt zugelassen werden). Wortwörtlich heißt es in § 3 Abs. 2 Satz 1 Nr. 1 WpPG, dass ein Prospekt entbehrlich ist, wenn die Wertpapiere ausschließlich „qualifizierten Anlegern" angeboten werden. Wer zu den „qualifizierten Anlegern" zählt, ist wiederum in § 2 Nr. 6 WpPG geregelt, der nach aktueller Gesetzeslage auf § 31a des Wertpapierhandelsgesetzes (WpHG) und damit auf die Einteilung zwischen „professionellen" und „privaten" Kunden verweist. Damit sind die üblichen institutionellen Anleger als „qualifizierte Anleger" erfasst. Allerdings können sich auch kleine und mittlere Unternehmen und sogar (doch wiederum) Privatanleger auf Antrag bei einer konkreten Bank als „professionelle Kunden" einstufen lassen (§ 31a Abs. 7 WpHG). Die Regelung hat den Hintergrund, dass qualifizierte Anleger als weniger schutzbedürftig angesehen werden.

Die Überlegung, dass Privatanleger in der Regel keine allzu hohen Geldsummen in einzelne Papiere investieren werden, förderte die Entwicklung weiterer Ausnahmetatbestände. So ist ein Wertpapierprospekt entbehrlich, wenn die angebotenen Wertpapiere eine Mindeststückelung von EUR 100.000 aufweisen (§ 3 Abs. 2 Satz 1 Nr. 4 WpPG) oder wenn das Angebot vorsieht, dass die Wertpapiere nur ab einem Mindestabnahmebetrag von EUR 100.000 erworben werden können (§ 3 Abs. 2

T. Kuthe, M. Zipperle, *Die Emission von Anleihen und anderen Debt Produkten*, essentials, 11
DOI 10.1007/978-3-658-04590-6_3, © Springer Fachmedien Wiesbaden 2014

Satz 1 Nr. 3 WpPG). Die genannten Schwellen wurden Mitte 2012 im Rahmen der Revision der EU-Prospektrichtlinie[1] deutlich angehoben.

Weniger praxisrelevant dürfte die in § 3 Abs. 2 Satz 1 Nr. 5 WpPG vorgesehene Ausnahme sein. Nach dieser Vorschrift entfällt die Prospektpflicht, wenn der Verkaufspreis für alle angebotenen Wertpapiere innerhalb von zwölf Monaten weniger als EUR 100.000 beträgt. Dies ist zwar prinzipiell begrüßenswert, da die Kosten für die Prospekterstellung bei diesen sogenannten „Kleinstemissionen" zu stark ins Gewicht fallen würden. Aufgrund der geringen Attraktivität der Kleinstemissionen für Unternehmen und Investoren wird diese Möglichkeit jedoch wenig genutzt.

Trotz Bestehens eines öffentlichen Angebots liegt auch dann eine Ausnahme von der Prospektpflicht vor, wenn sich das Angebot in jedem Staat des Europäischen Wirtschaftsraumes (EWR) an weniger als 150 nicht qualifizierte Anleger richtet (§ 3 Abs. 2 Satz 1 Nr. 2 WpPG). Dabei werden die in verschiedenen Ländern angesprochenen Privatanleger nicht addiert. Selbst dann also, wenn sich das Angebot an 149 Deutsche, 149 Franzosen, 149 Spanier usw. richtet, besteht keine Prospektpflicht[2].

Schließlich entfällt die Prospektpflicht für Emittenten, deren Aktien bereits zum Handel an einem organisierten Markt zugelassen sind. Diese können Debt Produkte mit einem Bilanzkaufpreis von weniger als EUR 5 Mio. innerhalb von zwölf Monaten prospektfrei begeben, auch wenn diese öffentlich angeboten oder zum Handel im organisierten Mark zugelassen werden sollen (§ 1 Abs. 2 Nr. 4 WpPG).

Alle genannten Ausnahmen haben selbstbefreiende Wirkung. Das bedeutet, dass eine positive Bescheidung der BaFin über das Vorliegen eines Ausnahmetatbestandes nicht notwendig ist. Dennoch empfiehlt sich in Zweifelsfällen eine Absprache mit der BaFin, um eine eventuelle Haftung wegen fehlenden Prospekts gemäß § 24 WpPG zu vermeiden. Nach dieser Norm müssen Emittent und Anbieter der Wertpapiere diese nämlich gegen Erstattung des Erwerbspreises zurücknehmen, wenn ein Prospekt entgegen § 3 WpPG nicht vorliegt. Wenn eine Beratung durch einen in diesem Bereich erfahrenen Anwalt sowie eine Abstimmung mit der BaFin erfolgte, wird selbst bei einer später abweichenden Gerichtsentscheidung der Emittent sich häufig damit exkulpieren können, dass er nicht grob fahrlässig handelte und somit seine Prospekthaftung entfällt.

---

[1] Richtlinie 2003/71/EG vom 4. November 2003; Änderungsrichtlinie 2010/73/EU vom 24. November 2010.

[2] Siehe hierzu etwa Heidelbach in: Schwark/Zimmer, Kapitalmarktrechts-Kommentar, 4. Auflage 2010, § 3 WpPG Rn. 16.

3.2 Private Placement

Eine Emission im Rahmen eines Private Placement (Privatplatzierung) ist ein weiterer Weg, die Prospektpflicht zu vermeiden. Auf die vorgenannten gesetzlichen Ausnahmetatbestände von der Prospektpflicht für öffentliche Angebote kommt es nämlich nur dann an, wenn überhaupt ein öffentliches Angebot der Debt Produkte vorliegt. Gestaltet man das Angebot hingegen von vorne herein so, dass es nicht öffentlich ist, weil man sich nicht an einen unbestimmten Anlegerkreis, sondern nur an konkret ausgewählte Anleger richtet, so ist auch der Tatbestand des § 3 Abs. 1 WpPG nicht erfüllt. Es handelt sich dann um ein Private Placement, auf das die Prospektvorschriften mangels eines öffentlichen Angebots keine Anwendung finden, jedenfalls solange keine prospektpflichtige Zulassung der Wertpapiere im organisierten Markt im Sinne von § 3 Abs. 4 WpPG angestrebt wird. Eine Einordnung als Privatplatzierung kommt allerdings nur dann in Betracht, wenn zwischen dem Anbieter des Debt Produkts und dem Investor bereits eine Beziehung besteht. Andernfalls wäre man schnell wieder im Fahrwasser eines Angebots an einen unbestimmten, weil unbekannten Personenkreis, also im Bereich des öffentlichen Angebots. Im Regelfall kann ein Private Placement bejaht werden, wenn die potenziellen Investoren dem Anbieter oder einer der an der Emission beteiligten Banken bekannt sind und sie zusätzlich gezielt nach individuellen Gesichtspunkten ausgewählt werden.

Zu beachten ist jedoch, dass die BaFin die Frage, ob ein öffentliches Angebot vorliegt, auch nach dem Merkmal der Schutzbedürftigkeit der Angebotsadressaten auslegt. Dies zeigt sich etwa bei Mitarbeiterbeteiligungsprogrammen. Werden Debt Produkte wie etwa (verbriefte) Genussrechte oder Wandelschuldverschreibungen an Mitarbeiter angeboten, stellt sich die Frage, ob dies ein öffentliches Angebot an das Publikum ist. Sämtliche Angebotsadressaten sind dem Emittenten hier bekannt (es sind seine Mitarbeiter) und er hat diese auch nach individuellen Kriterien (Absicht zur Vergütung in besonderer Weise, um Motivation zu schaffen) ausgewählt. Dennoch vertritt die BaFin die Auffassung, dass hier auch ein öffentliches Angebot vorliegen kann, denn die Mitarbeiter sind zwar bestimmbar, mangels vorheriger Investition in die entsprechenden Wertpapiere jedoch schutzbedürftig. Dies wurde für das Angebot von Aktien an Mitarbeiter ausdrücklich festgelegt, für Genussrechte und Wandelschuldverschreibungen dürfte das gleiche gelten. In diesen Fällen liegt also kein prospektfreies Private Placement vor. Möglich ist jedoch, dass eine der anderen vorgenannten Ausnahmen von der Prospektpflicht eingreift, etwa wenn weniger als 150 Mitarbeiter in Deutschland angesprochen werden oder die Wertpapiere kostenlos oder zu einem Preis von insgesamt weniger als EUR 100.000 angeboten werden etc. Im Rahmen dieser Auslegung ist ebenfalls zu beachten, dass das Wertpapierprospektgesetz – etwa in § 4 Abs. 1 Nr. 5 oder in § 4 Abs. 2 Nr. 6 WpPG – für bestimmte Sachverhalte Regelungen für eine Vereinfachung der Prospektanforderungen bei Angeboten an Mitarbeiter vorsieht. Dies kann die Annahme begründen, dass der EU-Gesetzgeber Mitarbeiterbeteiligungsangebote grundsätzlich als prospektpflichtig ansehen wollte.

Eine ähnliche Überlegung wird auch bei Bezugsangeboten von Wandelschuldverschreibungen angestellt. Diese galten bislang als prospektfrei, unterliegen jetzt aber wohl einer Prospektpflicht (siehe oben).

3.3   Debt Relations während der Emission prospektfreier Angebote

Sobald die Entscheidung für eine prospektfreie Emission getroffen ist, muss jede Situation vermieden werden, in welcher die Voraussetzungen für eine Prospektpflichtigkeit doch erfüllt sind. Damit ein entsprechend angepasstes Verhalten überhaupt möglich ist, muss allen an der Emission Beteiligten klar sein, wo genau die „Gefahren" liegen, die zur Prospektpflicht führen können. Dabei darf den Beteiligten aber auch nicht übervorsichtig quasi ein „Maulkorb" verpasst werden, wodurch der Platzierungserfolg, ohne dass dies erforderlich wäre, beeinträchtigt würde.

3.3.1   Private Placement

Die strengsten Regelungen im Hinblick auf die Kommunikation sind bei einer Private Placement-Emission zu beachten. Der Grund für die Prospektfreiheit besteht hier darin, dass kein öffentliches Angebot vorliegt (siehe oben). Das bedeutet, dass während der gesamten Emission, beginnend mit der ersten Planung und Vorbereitung, der Tatbestand des öffentlichen Angebots vermieden werden muss. Im Rahmen sämtlicher Kommunikation mit potentiellen Anlegern ist darum im Vorfeld der Emission darauf zu achten, dass diejenigen Eckdaten des Angebots, die eine Kaufentscheidung ermöglichen würden, nicht an die Öffentlichkeit geraten.

Dass die Emission stattfindet, muss nicht völlig geheim bleiben. Dies würde einen Platzierungserfolg ja geradezu unmöglich machen. Zulässig sind etwa öffentliche Kommunikationsmaßnahmen über das Unternehmen an sich, über dessen Geschäftstätigkeit oder dessen finanzielle Kennzahlen. Es ist jedoch darauf zu achten, dass die konkreten, für einen Erwerbsentschluss relevanten Informationen bezüglich des Debt Produkts, wie etwa Preis, Art des Produkts, Emissionsvolumen usw., nicht durch Mitarbeiter des Unternehmens oder eventuell beauftragte Marketingagenturen oder sonstige Helfer nach außen kommuniziert werden. Wird das Debt Produkt z. B. auf einer Roadshow präsentiert, so ist darauf zu achten, dass ausschließlich dem Emittenten oder der begleitenden Bank bekannte Investoren teilnehmen.

Darum ist in der Praxis ein enges Zusammenspiel zwischen den für Marketing und Kommunikation zuständigen Personen sowie dem begleitenden Kapitalmarktanwalt unerlässlich, um einerseits eine zielführende Vermarktung zu ermöglichen, andererseits aber die hierbei bestehenden rechtlichen Grenzen einzuhalten.[3]

3.3.2 Prospektfreies öffentliches Angebot

Die Ausnahmen von der Prospektpflicht für öffentliche Angebote nach § 3 Abs. 2 Satz 1 WpPG wurden oben bereits kurz erläutert. Solange der Emittent sich im Rahmen dieser Grenzen bewegt, ergeben sich für die Kommunikation mit Anlegern und der übrigen Öffentlichkeit erhebliche Erleichterungen. Im Gegensatz zu einer Private Placement-Emission ist der Emittent in der Kommunikation völlig frei, wenn er sich etwa dazu entschlossen hat, nur qualifizierte Investoren anzusprechen oder eine Mindeststückelung von EUR 100.000 anzubieten. Sämtliche Daten über das Angebot können in diesen Fällen bedenkenlos veröffentlicht werden. Es spielt dabei auch keine Rolle, ob nicht qualifizierte Anleger von dem Angebot erfahren, da für die Frage der Prospektpflicht nur darauf abgestellt wird, an wen das Angebot gerichtet ist.

3.4 Prospektpflicht durch Börsennotierung?

Wie bereits erwähnt, erfordert ein Zulassungsantrag zu den Börsensegmenten des regulierten Marktes einen Wertpapierprospekt. Allein durch die Notierung eines Debt Produkts im nicht öffentlich-rechtlich regulierten Freiverkehr entsteht eine gesetzliche Prospektpflicht also grundsätzlich nicht. Dies gilt jedoch primär für den sogenannten allgemeinen Freiverkehr, auf dem sogenannten „Mittelstandsmarkt" sieht es hingegen inzwischen etwas anders aus. Die deutschen Börsen haben in den letzten Jahren fast alle auch ein Qualitätssegment für das Angebot und die Notierung von Mittelstandsanleihen im Freiverkehr geschaffen. Namentlich handelt es sich um den Entry Standard und den Prime Standard für Unternehmensanleihen

---

[3] Zipperle/Schmidt, „Widerstreit der Disziplinen – Herausforderungen in der Anleihekommunikation" in: Going Public Magazin, Heft 4/2013, April 2013.

an der Frankfurter Wertpapierbörse, den mittelstandsmarkt an der Börse Düsseldorf, die Mittelstandsbörse Deutschland an der Börse Hamburg/Hannover, Bondm
an der Börse Stuttgart und m:access an der Börse München. Die Allgemeinen Geschäftsbedingungen dieser Börsen schreiben für eine Handelseinbeziehung dieser
Anleihen wiederum die Veröffentlichung eines Wertpapierprospekts vor[4] (siehe
oben).

---

[4] vgl. z. B. § 19 Abs. 1 Geschäftsbedingungen für den Freiverkehr der Börse Düsseldorf,
Stand: 20. August 2013.

Weitere gesetzliche und börsenrechtliche Pflichten je nach Börsensegment

4

Ob ein Wertpapierprospekt erstellt werden muss oder nicht, ist eine der zentralen Fragen im Zuge der Emission von Wertpapieren. Daneben existieren jedoch weitere Pflichten, die ein Emittent unter Umständen beachten muss und für die Debt Relations von Bedeutung ist.

Derartige Pflichten können sich entweder aus dem Gesetz ergeben oder auch aus den privatrechtlichen Regularien der jeweiligen Börsenhandelsplätze. Je nachdem, in welchem Börsensegment eine Emission angestrebt wird, fallen die Anforderungen unterschiedlich umfangreich aus. Dabei lässt sich ganz grundsätzlich die Faustregel festhalten, dass die zusätzlichen Pflichten an Quantität und Intensität zunehmen, je mehr sich der Emittent in Richtung der Qualitätssegmente des regulierten Marktes bewegt.

Es handelt sich dabei um Transparenzanforderungen im weitesten Sinne, deren Erfüllung zugleich Auswirkungen auf die Kommunikation mit potenziellen Investoren hat: Einerseits können diese sich, je engmaschiger die Pflichten gestrickt sind, ein sehr genaues Bild vom Emittenten machen. Es wäre also schwierig (und unter Haftungsgesichtspunkten ohnehin nicht ratsam), gegenüber den Anlegern ein Bild vom Unternehmen zu zeichnen oder aufrechtzuerhalten, das eventuell im Missverhältnis zu dessen tatsächlicher Lage steht. Andererseits lassen sich durch eine gehörige Pflichtenerfüllung seitens des Unternehmens natürlich sehr positive Effekte erzielen. So ist die pflichtgemäße Information der Anleger besonders geeignet, das am Kapitalmarkt unverzichtbare Vertrauen herzustellen bzw. auszubauen und lässt sich dementsprechend dazu nutzen, die Aufrichtigkeit des Emittenten herauszustellen. Dies ermöglicht es, auch in schwierigen Situationen auf den Anlegerkreis bauen zu können.

T. Kuthe, M. Zipperle, *Die Emission von Anleihen und anderen Debt Produkten*, essentials,   17
DOI 10.1007/978-3-658-04590-6_4, © Springer Fachmedien Wiesbaden 2014

4.1 Freiverkehr

Der allgemeine Freiverkehr ist das Börsensegment mit den geringsten Zugangs-voraussetzungen. Er ist nicht öffentlich-rechtlich reguliert und kein organisierter Markt im Sinne des EU-Rechts, sondern wird von dem privatrechtlichen Träger der jeweiligen Börse betrieben und reguliert. Dementsprechend ergeben sich die Rah-menbedingungen und Pflichten, die für eine Einbeziehung in den Handel erfüllt werden müssen, aus den Freiverkehrsrichtlinien und/oder allgemeinen Geschäfts-bedingungen der einzelnen Handelsplätze. Die einzigen gesetzlichen kapitalmarkt-rechtlichen Zulassungsfolgepflichten, die im allgemeinen Freiverkehr gelten, sind das Insiderrecht in Gestalt von § 14 WpHG und das Verbot der Marktmanipulation gemäß § 20a WpHG. Das Insiderrecht verbietet dabei

- den Insiderhandel,
- die Weitergabe von Insiderinformationen und
- die Empfehlung in Kenntnis einer Insiderinformation.

Die Beachtung dieser Pflichten gehört sozusagen zum unverzichtbaren Mindest-standard einer Börsennotierung. Wird eine Notierung im Freiverkehr oder in einem höheren Börsenhandelssegment angestrebt, sollte also jeder Emittent seine Mitarbeiter auch entsprechend für diese Themen sensibilisieren. Sind diese doch am ehesten der Gefahr ausgesetzt, eine interne Information zu erlangen und mög-licherweise dann nicht den genauen Inhalt der insiderrechtlichen Pflichten zu kennen. In der Praxis werden hierfür interne Richtlinien aufgestellt, Aufklärungs-schreiben verteilt und Mitarbeiter geschult.

4.2 Mittelstandssegmente

Der Startschuss fiel 2010 mit der Eröffnung des Segments Bondm an der Börse Stuttgart. Seitdem haben sich die sogenannten Mittelstandssegmente für Unterneh-mensanleihen als Teilbereiche des Freiverkehrs an den deutschen Börsen etabliert. Was ist nun die Besonderheit dieser Segmente? Es handelt sich um Qualitätsseg-mente für Mittelstandsanleihen, d. h. um Börsenhandelssegmente, bezüglich de-rer die Börsen selbst über die gesetzlichen Pflichten hinausgehende weitere Ein-beziehungsvoraussetzungen sowie Folgepflichten für die Emittenten festlegen. Die Börsen bieten den Unternehmen gleichzeitig eine Unterstützung bei der Durch-führung der Zeichnung und damit letztlich bei der Platzierung der Anleihen an. Hierzu stellen sie die entsprechenden Funktionalitäten für die Zeichnung bereit. Zudem unterstützen sie den Prozess durch Informationen und die Durchführung von Werbemaßnahmen.

Die Regelungen, die die Börsen in ihren Geschäftsbedingungen für die Einbeziehung eines Wertpapiers und für die entsprechenden Folgepflichten jeweils festgelegt haben, sind weitgehend identisch.

Tabelle 4.1 gibt eine Übersicht über die jeweiligen Einbeziehungsvoraussetzungen.

4.3   Regulierter Markt

Emittenten, die ihre Wertpapiere am regulierten Markt platzieren wollen, müssen demgegenüber deutlich mehr und strengere gesetzliche Vorgaben im Hinblick auf die Zulassungsvoraussetzungen und Zulassungsfolgepflichten beachten. Die Anforderungen werden hier zum ganz überwiegenden Teil durch das Recht der Europäischen Union geprägt. Im Rahmen von Debt Relations sind insbesondere die folgenden gesetzlichen Pflichten zu beachten:

- Seit Inkrafttreten der EU-Verordnung vom 19.07.2002[1] besteht die Pflicht, (Konzern-) Jahresabschlüsse nach den IFRS (International Financial Reporting Standards) zu erstellen. Diese sind gegenüber der Rechnungslegung nach HGB komplexer und investorenorientierter. Ziel ist es, einen möglichst vollständigen Überblick über das Unternehmen zu geben und Informationen über die Vermögens- und Finanzlage, die Ertragskraft und die Cashflows bereitzustellen. Emittenten, die erstmalig Debt Produkte mit Zulassung im regulierten Markt anbieten, müssen insbesondere in einem Prospekt grundsätzlich für wenigstens zwei Geschäftsjahre Zahlen nach IFRS darstellen. Die Jahres- und Konzernabschlüsse müssen grundsätzlich innerhalb einer verkürzten Frist von vier Monaten nach Ende des Geschäftsjahres veröffentlicht werden. Eine Ausnahme gilt für Kapitalgesellschaften, die ausschließlich Schuldtitel mit einer Mindeststückelung von EUR 50.000 zum Handel an einem organisierten Markt zugelassen haben. Hier gilt die allgemeine handelsrechtliche Frist von zwölf Monaten.
- Mit Inkrafttreten des Transparenzrichtlinie-Umsetzungsgesetzes[2] wurden Zwischenberichtspflichten für den regulierten Markt eingeführt. Nach § 37w WpHG sind börsennotierte Kapitalgesellschaften verpflichtet, Halbjahresberichte zu

---

[1] Verordnung EG 1606/2002 betreffend die Anwendung internationaler Rechnungslegungsstandards vom19.07.2002, AblEG L 234 vom 11.09.2002, S. 1 ff.

[2] Gesetz zur Umsetzung der Richtlinie 2004/109/EG des Europäischen Parlaments und des Rates vom 15.12.2004 zur Harmonisierung der Transparenzanforderungen in Bezug auf Informationen über Emittenten, deren Wertpapiere zum Handel auf einem geregelten Markt zugelassen sind, und zur Änderung der Richtlinie 2001/34/EG (Transparenzrichtlinie-Umsetzungsgesetz – TUG, vom 05.01.2007, BGBl. I S. 10 (Nr. 1), Geltung ab 20.01.2007.

Tab. 4.1 Voraussetzungen für die Einbeziehung von Anleihen in die Mittelstandssegmente der Börsen

Erfordernis	Düsseldorf		München	Frankfurt		Stuttgart	Hamburg/ Hannover
	Primär-markt	der mittel-standsmarkt	m:access	Entry Standard für Unternehmensanleihen	Prime Standard für Unter-nehmens-anleihen	Bondm	Mittelstands-börse Deutschland
Vertrag mit „Coach"	+	+	+	+	+	+	–
Factsheet/Kurzportrait	+	+	–	+	+	+	+
Zulässigkeit Nachranganleihen	+	+	+	–	–	+	+
Wertpapierprospekt	+	+	(+)	+	+	+	+
Rating	–	–	+	+	+	+	–
Unternehmenskenn-zahlen	–	–	–	+ (6 Kennzahlen)	+ (24 Kenn-zahlen)	–	–
Mindestvolumenvor-gabe	+	+	+	+	+	+	–

Tab. 4.1 (Fortsetzung)

Erfordernis	Düsseldorf		München	Frankfurt		Stuttgart	Hamburg/Hannover
	Primär-markt	der mittel-standsmarkt	m:access	Entry Standard für Unternehmensanleihen	Prime Standard für Unter-nehmens-anleihen	Bondm	Mittelstands-börse Deutschland
Anleihestückelung maximal EUR 1.000	–	+	+	+	+	+	–
Sonstiges	Testierte Jahresabschlüsse der letzten drei Geschäftsjahre	Testierte Jahresabschlüsse der letzten drei Geschäftsjahre; Nominalvolumen soll mindestens EUR 10.000.000 betragen	Unternehmen muss seit mindestens drei Jahren bestehen	–	Mindestzuteilung an Privatanleger 10 %; Eintritt über Open Market oder regulierten Markt möglich	–	Zusammenfassung des Prospekts erforderlich

erstellen. Die Halbjahresfinanzberichte dienen der Aktualität der Informationen und fördern somit eine höhere Transparenz. Außerdem liefern sie einen Indikator für den nächsten Jahresfinanzbericht. Die Halbjahresfinanzberichte müssen der Öffentlichkeit binnen zwei Monaten nach dem jeweiligen Stichtag zur Verfügung stehen und mindestens einen verkürzten Abschluss, einen Zwischenlagebericht und den Bilanzeid enthalten.

- Daneben ist der Emittent nach § 37x Abs. 1 und 2 WpHG zur Veröffentlichung von Zwischenmitteilungen der Geschäftsführung verpflichtet, wenn er nicht bereits Quartalsfinanzberichte erstellt und veröffentlicht hat (§ 37x Abs. 3 WpHG). Wie auch bei der Veröffentlichung der Jahres- und Halbjahresfinanzberichte bedarf es einer Hinweisbekanntmachung, welche der BaFin mitgeteilt werden muss. Dem Unternehmensregister sind die Hinweisbekanntmachung sowie die Zwischenmitteilung selbst zu übermitteln.

- Mit der Notierung von Debt Produkten im regulierten Markt muss der Emittent bei der Rechnungslegung insgesamt höheren Anforderungen genügen und zusätzliche Angaben aufnehmen. Er gilt dann als kapitalmarktorientierte Kapitalgesellschaft im Sinne des Handelsrechts und damit grundsätzlich auch als sogenannte große Kapitalgesellschaft und muss etwa Zusatzangaben im Lagebericht aufnehmen. Bei gleichzeitiger Freiverkehrsnotierung (o.ä.) seiner Aktien muss er überdies eine Erklärung zur Unternehmensführung veröffentlichen, etc.

- Ebenfalls zur Sicherung der Transparenz und der Funktionsfähigkeit des Marktes bestehen weitergehende Veröffentlichungspflichten nach § 30a ff. WpHG. Es handelt sich dabei etwa um Zulassungsfolgepflichten gegenüber den Anlegern (z. B. Gleichbehandlung aller Anleihegläubiger) oder um die Pflicht zur Veröffentlichung bestimmter Mitteilungen im Bundesanzeiger (§ 30b WpHG), etwa über Zinszahlungen, Gläubigerversammlungen, Rückzahlungen oder die Ausübung von Umtausch-, Zeichnungs- und Kündigungsrechten.

- Mit dem gleichen Ziel wurde § 15 WpHG eingeführt, welcher die Veröffentlichung von Ad-hoc-Mitteilungen festlegt. Damit soll § 15 WpHG zur Bildung realistischer Börsen- und Marktpreise beitragen, vgl. hierzu näher unter 4.4.

- Die §§ 21, 25, 25a WpHG regeln die Pflicht für Anleger, die Überschreitung bestimmter Schwellenwerte an Besitz aktienbasierter Produkte zu veröffentlichen. Auch hier geht es um Transparenz auf dem Kapitalmarkt, außerdem soll aber gewährleistet werden, dass der Emittent einen Überblick über seine Aktionärsstruktur und die Beherrschungsverhältnisse bekommt und sich dadurch z. B. auch vor feindlichen Übernahmen schützen kann.

Daneben gelten natürlich auch hier das Verbot des Insiderhandels und das Verbot der Marktmanipulation (vgl. dazu nachstehend 4.5 und 4.6).

4.4 Ad-hoc-Mitteilung

Sobald ein Debt Produkt an einer inländischen Börse zum Handel im organisierten Markt zugelassen ist, ist der Emittent gemäß §§ 12, 15 Abs. 1 WpHG verpflichtet, jede Insiderinformation die ihn unmittelbar betrifft, unverzüglich zu veröffentlichen. Nach § 12 Satz 2 WpPG muss bereits ab dem Moment, in dem der Antrag auf Zulassung oder Einbeziehung gestellt wird, beziehungsweise sogar ab der etwaigen öffentlichen Vorabankündigung der Antragstellung, die Pflicht zur Ad-hoc-Publizität befolgt werden.

In Anlehnung an diese gesetzliche Publizitätspflicht haben die Börsen auch für ihre Mittelstandssegmente in den jeweiligen Freiverkehrsrichtlinien entsprechende privatrechtliche Verpflichtungen zur Veröffentlichung sogenannter Quasi-Ad-hoc-Mitteilungen verankert[3].

In der Praxis stellt sich die Frage, wann es sich überhaupt um eine Insiderinformation handelt. Das Gesetz gibt hierzu nur den folgenden abstrakten Prüfungsmaßstab vor: Wenn ein nicht öffentlich bekannter Umstand potenziell in der Lage ist, im Falle seines öffentlichen Bekanntwerdens den entsprechenden Börsenkurs zu beeinflussen, dann handelt es sich um eine ad-hoc-pflichtige Insiderinformation. Dabei gilt als Faustregel: Je wichtiger eine Begebenheit für das Schicksal des Emittenten, desto eher liegt eine Pflicht zur Ad-hoc-Mitteilung vor. Beispielsweise würde der Abschluss eines weiteren Exportvertrages, wenn bereits eine Vielzahl solcher Verträge bestehen, eher keine Ad-hoc-Verpflichtung auslösen. Dagegen müsste etwa die Kündigung eines solchen Vertrages durch den wichtigsten Kunden, der den Großteil des Umsatzes ausmacht, unverzüglich publiziert werden. Vielfach geht es in der Praxis um Ereignisse, die in der Zukunft liegen und deren Eintritt naturgemäß niemals zu 100 % feststehen kann. Die Rechtsprechung nimmt hier einen ad-hoc-pflichtigen Umstand dann an, wenn der Eintritt der maßgeblichen Tatsachen vernünftigerweise wahrscheinlich ist. Daneben ist nach der aktuellen Rechtsprechung zu prüfen, ob eventuell einzelne Zwischenschritte für sich genommen schon kursrelevant sein können.

Dies ist jedoch grade bei mehrstufigen Ereignissen besonders schwierig zu beurteilen. Das Paradebeispiel hierfür ist der Abschluss eines größeren Vertrages, etwa eines Unternehmenskaufes. Dabei kommt es in der Regel auf die Frage an, zu welchem Zeitpunkt der Abschluss des Vertrages überwiegend wahrscheinlich ist. Ob eine erfolgreiche Durchführung des Geschäfts stattfinden wird, ist etwa bei den ersten Sondierungsgesprächen oder bei Abschluss eines ersten Letter of Intent

---

[3] Siehe hierzu Kuthe/Zipperle, Wer ‚A' sagt, muss auch ‚B' sagen – Folgepflichten für Emittenten in: Going Public Special Anleihen (2012).

in der Regel noch offen. Nach Abschluss einer zur Zufriedenheit der Beteiligten erfolgten Due Diligence wird man hingegen wohl davon ausgehen dürfen, dass der Abschluss des Vertrages überwiegend wahrscheinlich ist. Allerdings ist auch zu prüfen, ob vielleicht der Abschluss des Letter of Intent an sich schon eine kursrelevante Insiderinformation darstellt. Würde sich ein durchschnittlicher Anleger schon von dieser Information beeinflussen lassen, so entsteht schon hier eine publizitätspflichtige Insiderinformation.

Schwierige Rechtsfragen, oftmals unübersichtliche Sachverhalte und drohende Sanktionen bei Verstößen gegen die Publizitätspflichten – da wird es immer wichtiger, die Möglichkeit im Blick zu haben, die Pflicht zur Veröffentlichung einer Insiderinformation durch Vorstandsbeschluss nach § 15 Abs. 3 WpHG hinauszuschieben. Nach dieser Vorschrift darf der Emittent zum Schutz seiner berechtigten Interessen Informationen zurückhalten. Dabei wird dem Vorstand ein Prognosespielraum zugebilligt, um die Geheimhaltungsinteressen nicht zu konterkarieren. In der Praxis wird dieser Weg häufig eingeschlagen und in Zweifelsfragen ist schon aus Vorsichtsgründen stets zu dieser Möglichkeit zu raten.

4.5   Insiderhandel

Nach § 14 WpHG ist es verboten, Insiderpapiere unter Verwendung einer Insiderinformation zu erwerben oder zu veräußern. Der Begriff des Insiderpapiers ist dabei sehr weit. Gemäß § 12 Satz 1 Nr. 1 WpHG sind jedenfalls alle Wertpapiere erfasst, die an einer inländischen Börse zum Handel zugelassen oder in den regulierten Markt oder Freiverkehr einbezogen sind. Das Verbot des Insiderhandels gilt in zeitlicher Hinsicht, ebenso wie die Ad-hoc-Publizitätspflicht, bereits ab dem Moment, in dem die Antragstellung auf Zulassung oder Einbeziehung zum Handel öffentlich angekündigt wurde.

Eine Umgehung des Verbots, etwa durch eine bedingte Kauforder oder einen zeitlichen Verzug, ist nach der Praxis der BaFin nicht möglich. So liegt ein Verstoß gegen den Tatbestand des Verbotes des Insiderhandels auch dann vor, wenn vereinbart wird, dass der Kauf erst nach z. B. vier Tagen oder nach der Veröffentlichung einer entsprechenden Ad-hoc-Publikation wirksam werden soll. Nur wenn die Gegenpartei des entsprechenden Kaufvertrages die Möglichkeit hat, sich auch noch nach Veröffentlichung der Ad-hoc-Publikation von dem Vertrag zu lösen, kann etwas anderes gelten.

Neben dem Verbot des Erwerbs und der Veräußerung ist es nach § 14 Abs. 1 Nr. 2 WpHG ebenfalls verboten, Insiderinformationen unbefugt mitzuteilen oder zugänglich zu machen. Eine Grauzone ergibt sich bei dieser Regelung im Fall der

Weitergabe von Informationen im Rahmen der beruflichen Tätigkeit. So ist die Weitergabe von Informationen, die einen Bezug zur ordnungsgemäßen Aufgabenerfüllung haben, erlaubt. Wann aber eine ordnungsgemäße Aufgabenerfüllung vorliegt, ist nicht festgelegt und muss in jedem Einzelfall anhand einer Interessenabwägung geprüft werden. Dabei ist das Bedürfnis zur Weitergabe der Information gegen die Ziele des Insiderrechts abzuwägen.

Um auch hier eine Umgehung der Regelung zu verhindern, enthält § 14 Abs. 1 Nr. 3 WpHG zusätzlich das Verbot, einem anderen auf der Grundlage von Insiderinformationen den Kauf oder Verkauf eines entsprechenden Wertpapiers zu empfehlen. Der Gesetzgeber hat dabei den Tatbestand bewusst weit und offen gefasst, um Zweifelsfälle, in denen nicht sicher war, ob eine Empfehlung in diesem Sinne vorlag, zu vermeiden. Daher wird auch jedes Verleiten zum Kauf oder Verkauf eines Wertpapiers in sonstiger Weise erfasst.

Seit 2004, mit Einführung des § 15a WpHG, besteht für im organisierten Markt notierte Emittenten die Pflicht, sogenannte Insiderverzeichnisse zu führen und der BaFin auf Verlangen herauszugeben. In diesen Verzeichnissen hat der Emittent die Personen zu erfassen, die für ihn tätig sind und die bestimmungsgemäß Zugang zu Insiderinformationen haben. Ziel dieser Regelung ist es, besser überwachen zu können, wer in den entsprechenden Unternehmen eigentlich über Insiderinformationen verfügen könnte.

4.6 Marktmanipulation

Das Verbot der Marktmanipulation gilt ebenfalls bereits ab dem Moment, in dem für verbriefte Debt Produkte die Zulassung zum Handel an einem organisierten Markt beantragt wurde oder ein solcher Antrag öffentlich angekündigt wurde, oder aber ab dem Zeitpunkt der Antragstellung auf Einbeziehung in den regulierten Markt oder den Freiverkehr bzw. entsprechender Ankündigungen. § 20a Abs. 1 Satz 1 WpHG normiert drei Verbotstatbestände, nämlich Marktmanipulation durch

- Machen oder Verschweigen von Angaben (Nr. 1),
- Geschäfte oder Aufträge (Nr. 2) oder
- sonstige Täuschungshandlungen (Nr. 3).

Die Äußerung einer irreführenden Angabe oder das Verschweigen einer Angabe muss sich auf erhebliche Umstände beziehen und ist nur dann als Marktmanipulation anzusehen, wenn die Angabe geeignet ist, auf den Preis des Debt Produkts einzuwirken. Jedoch ist es nicht erforderlich, dass bereits eine Kursveränderung aufgrund der Manipulation festzustellen ist. Ähnlich wie bei der Feststellung, ob eine Insidertatsache vorliegt, kommt es allein auf die Eignung zur Einwirkung auf den Preis an, welche objektiv durch eine Prognose festgestellt werden muss. Dabei stellt die herrschende juristische Auffassung auch hier auf einen durchschnittlichen verständigen Anleger ab. Auch für die anderen Alternativen der Marktmanipulation ist die (bloße) Eignung, den Preis zu beeinflussen, erforderlich (aber auch ausreichend).[4]

Nach § 20a Abs. 1 Satz 2 Nr. 2 WpHG erfüllt außerdem derjenige den Tatbestand der Marktmanipulation, der durch Geschäfte oder Aufträge falsche oder irreführende Signale an den Kapitalmarkt sendet oder ein künstliches Preisniveau herbeiführt. Diese Alternative umfasst auch den typischen Fall der handelsgestützten Marktmanipulation, bei der dem Markt ein nicht zutreffendes Bild von der tatsächlichen Nachfragesituation vermittelt wird. Dabei wird ein Signal als „falsch" angesehen, wenn es in Bezug auf das jeweilige Finanzinstrument nicht den wahren wirtschaftlichen Verhältnissen auf dem jeweiligen Markt entspricht. „Irreführend" ist ein Signal, wenn es geeignet ist, einen verständigen Anleger über die wirkliche Marktlage zu täuschen. In der Praxis führen diese sehr unbestimmten und weiten Definitionen zu zahlreichen Problemen. Auch die Konkretisierung in einer entsprechenden Verordnung[5] konnte keine vollständige Rechtssicherheit herstellen. Wichtig für die Praxis ist aber, dass jedenfalls Stabilisierungskäufe im Zusammenhang mit einer Emission unter bestimmten Voraussetzungen zulässig sind. Bei Schuldverschreibungen, die nicht in Aktien umgewandelt werden können, endet die zulässige Stabilisierungsperiode spätestens 30 Tage nach dem Tag, an dem der Emittent den Erlös erhalten hat, oder – für den Fall, dass dies früher eintritt – spätestens 60 Kalendertage nach der Zuteilung der Wertpapiere (Art. 8 Abs. 4 Durchführungs-VO (EG Nr. 2273/2003)).

§ 20a Abs. 1 Satz 1 Nr. 3 WpHG normiert zudem einen Auffangtatbestand, der alle „sonstigen Täuschungshandlungen" erfasst, die geeignet sind, den Preis eines Finanzinstruments zu beeinflussen.

---

[4] Vogel in Assmann/Schneider, WpHG (2009), 5. Aufl., § 20a Rn. 113, 151 und 213.

[5] § 3 der Verordnung zur Konkretisierung des Verbotes der Marktmanipulation, Marktmanipulations-Konkretisierungsverordnung (MaKonV).

4.7 Vertragliche Aspekte

Bei der Emission von Debt Produkten bestehen zahlreiche vertragliche Beziehungen, die für Debt Relations relevant sein können und aus denen sich, neben Gesetz und Börsenordnung, weitere Pflichten für die Emittenten ergeben können. Dabei sind die Anleihebedingungen hervorzuheben, welche die Beziehung zwischen Emittent und Anleger regeln. Hier können z. B. Informationspflichten geregelt sein. So empfiehlt etwa die DVFA (Deutsche Vereinigung für Finanzanalyse und Asset Management) in ihren „Standards für die Bondkommunikation, Version 2.0, Stand April 2012" die Veröffentlichung bestimmter Kennzahlen durch die Emittenten. Die Emittenten könnten sich in den Anleihebedingungen zu solchen Veröffentlichungen verpflichten. Häufig finden sich Veröffentlichungspflichten im Zusammenhang mit Covenants in den Anleihebedingungen, teilweise regelmäßige Negativerklärungen, dass Covenants nicht gebrochen sind, teilweise nur für den Fall, dass es zu einem Covenant-Bruch kommt.

Der sogenannte Übernahmevertrag regelt demgegenüber die Beziehung zwischen den emissionsbegleitenden (Finanz-) Instituten, den sogenannten Konsortialbanken, und den Emittenten und kann auch kommunikationsrelevante Umstände enthalten (z. B. die Pflicht, die Kommunikation auch nach der Emission noch für einen bestimmten Zeitraum mit der emissionsbegleitenden Bank abzustimmen). Für den Fall, dass für das Debt Produkt Sicherheiten gestellt werden, muss mit einem weiteren entsprechenden Vertrag auch ein Sicherheiten-Treuhänder bestellt werden, wobei in diesen Verträgen manchmal ebenfalls Veröffentlichungspflichten o.ä. zu finden sind.

Zusammenfassung 5

Die Emission eines Debt Produkts ist an eine Vielzahl rechtlicher Vorgaben gebunden, über die sich der Emittent und andere mögliche Anbieter tunlichst vor Beginn der „heißen Phase" einer Emission informieren sollten. Eine begleitende kapitalmarktrechtlich erfahrene Rechtsberatung wird zumeist unumgänglich sein. Die Entscheidung, ob eine Emission mit oder ohne Wertpapierprospekt angestrebt wird, ist weichenstellend und sollte so früh wie möglich getroffen werden. Bei einem öffentlichen Angebot ist ein Prospekt grundsätzlich erforderlich. Hiervon gibt es aber zahlreiche Ausnahmen und daneben außerdem die Möglichkeit, lediglich einen geschlossenen Kreis von institutionellen Investoren anzusprechen. Wenn jedoch eine Prospektpflicht besteht, so müssen insbesondere diejenigen Schritte, die im Zusammenhang mit der Emission im Bereich Marketing und Kommunikation gegangen werden sollen, eng mit einem Rechtsberater abgestimmt werden, damit nicht etwa eine „bloße" Werbeankündigung bereits frühzeitig zur Qualifikation des Angebots als „öffentlich" im Sinne von § 3 Abs. 1 WpPG führt. Schließlich ist in jedem Einzelfall genau zu prüfen, wen (außer oder statt den Emittenten) die Prospektpflicht trifft. Dies ist vor allem bei den sogenannten „Retail Kaskaden" zu beachten. Hier kann es sogar möglich sein, dass gar nicht der Emittent selbst, sondern ein anderer prospektpflichtig wird.

Wichtig ist es auch, während der Emission stets zu überprüfen, ob eine neu eintretende Tatsache einen Nachtrag zum Prospekt erforderlich macht, ob eine Pflicht zur Publikation einer Ad-hoc-Mitteilung besteht oder ob das Verbot der Marktmanipulation oder die insiderrechtlichen Vorschriften das Verhalten des Emittenten einschränken.

T. Kuthe, M. Zipperle, *Die Emission von Anleihen und anderen Debt Produkten*, essentials, 29
DOI 10.1007/978-3-658-04590-6_5, © Springer Fachmedien Wiesbaden 2014

Literatur

Hasler PT, Launer MA, Wilhelm MK (Hrsg) (2013) Praxishandbuch Debt Relations, 4. Aufl. Springer Gabler

Heidelbach A (2010) In: Schwark E, Zimmer D Kapitalmarktrechts-Kommentar. Beck, München

Berrar C, Meyer A, Müller C, Schnorbus Y, Singhof B, Wolf C (2011) Frankfurter Kommentar zum WpPG und zur EU-ProspektVO, 1. Aufl. Verlag Recht und Wirtschaft, Frankfurt a. M.

Kuthe T (o. d.) Der Gang an die Börse. In: Wojtek R, Mitzkus F, Die AG – Rechte, Pflichten und Haftung von Vorstand und Aufsichtsrat, Stand 7/11. Dashöfer, Hamburg

Kuthe T, Zipperle M (2012) „Wer ‚A' sagt, muss auch ‚B' sagen – Folgepflichten für Emittenten". Going Public Special Anleihen, März

Zipperle M, Schmidt A (2013) „Widerstreit der Disziplinen – Herausforderungen in der Anleihekommunikation". Going Public Magazin, Heft 4/2013, April

Assmann HD, Schneider UH (Hrsg) (2012) Wertpapierhandelsgesetz, 6. Aufl. Verlag Dr. Otto Schmidt, Köln

Kilgus S (2010) In: Schüppen M, Schaub B Münchener Anwalts Handbuch Aktienrecht, 2. Aufl. Beck, München

Keunecke U (2009) Prospekte im Kapitalmarktrecht. Schmidt, Berlin

T. Kuthe, M. Zipperle, *Die Emission von Anleihen und anderen Debt Produkten*, essentials, 31
DOI 10.1007/978-3-658-04590-6, © Springer Fachmedien Wiesbaden 2014